Finanzas para niños

Lecciones sobre el dinero que los niños no pueden perderse

Walter Andal
Ilustraciones por Richard Peter David

Finanzas para niños

Lecciones sobre el dinero que los niños no pueden perderse

Primera edición: 2023

ISBN: 9781524318512
ISBN eBook: 9781524328481

Dedico este libro a mi increíble esposa
Anne, mi roca particular e inspiración,
y a nuestros cuatro maravillosos hijos:
Gabriel, Angelo, Jacob y TJ, los mejores
hijos que cualquier padre podría desear.

Prólogo para los padres

Mientras paseaba por un centro comercial, mi hijo Angelo, que entonces tenía nueve años, vio un enorme expositor de Nintendo 3DS XL en una tienda de videojuegos. Me preguntó amablemente si le podía comprar esta nueva consola portátil. Le dije que no tenía suficiente dinero para hacer una compra en ese momento. Entonces él respondió ingenuamente: «Pero, papá, no necesitas dinero. Solo tienes que usar tu tarjeta de crédito».

Al igual que Angelo, muchos niños en edad escolar primaria siguen pensando que utilizar las tarjetas de crédito para comprar no supone gastar dinero. Después de hacer más averiguaciones, descubrí que muchos niños de secundaria tienen una comprensión limitada del ahorro, el crédito, las inversiones y las finanzas, aunque estos niños puedan tener un buen rendimiento académico.

Es relevante conocer la importancia de la gestión de tus finanzas personales y utilizar tus conocimientos financieros cuando haces presupuestos, solicitas préstamos e inviertes. Una mala decisión financiera puede afectar en gran medida a tu vida. Por lo tanto, entender las finanzas básicas es una necesidad en el mundo actual. Sin embargo, aunque sepas lo importante que son las finanzas, los niños rara vez tienen la oportunidad de aprenderlas realmente en la escuela. Los colegios introducen el concepto de finanzas durante las clases de Economía y Matemáticas de los niños en la escuela secundaria, pero la mayoría de los niños nunca recibe una clase sobre la mecánica real de las finanzas, como por ejemplo entender cómo funcionan las tarjetas de crédito y aprender los efectos de una deuda excesiva y de la morosidad. Las finanzas solo se imponen a unos pocos estudiantes que optan por tomar cursos sobre esta materia durante la universidad.

Como padre, creo firmemente que debo enseñar finanzas a mis hijos lo antes posible. Al igual que la práctica de deportes promueve la perseverancia y el trabajo en equipo, la práctica de artes marciales fomenta el autocontrol y la disciplina, y la música y las artes incentivan la creatividad y la autoexpresión, una educación y formación oportuna en finanzas promueven buenos hábitos financieros. En este mundo de comercio electrónico y creciente consumismo, los niños necesitan tener una sólida comprensión de las finanzas antes de que se vean abrumados por enormes préstamos estudiantiles, debiendo cantidades masivas en deudas de tarjetas de crédito... y sin controlar sus gastos.

Mi madre nos enseñó a mí y a mis hermanos el valor del dinero y del ahorro desde muy pequeños. Nos motivó a ahorrar abriendo una cuenta de ahorro individual para cada uno de nosotros y nos hizo depositar el dinero que ahorrábamos de nuestra paga semanal y del dinero que recibíamos como regalos. También nos enseñó a ser conscientes de los gastos. Aplaudo a mi madre y a los demás padres que han hecho un trabajo maravilloso enseñando a sus hijos desde temprano sobre el dinero y las finanzas. Para los que no han empezado a hacerlo, no hay razón para sentirse mal. Nunca es demasiado tarde para empezar a enseñar finanzas a los niños. Para aquellos padres que no estén seguros de sus propios conocimientos financieros, tómense unos minutos para reaprender finanzas y transmitan estos conocimientos a sus hijos.

Este libro está escrito para introducir las finanzas de forma informativa y entretenida. Aunque el público objetivo de este libro sean los estudiantes de entre 8 y 12 años, cualquier persona de la edad que sea, que atesore un conocimiento previo limitado (o nulo) de las finanzas se beneficiará de *Finanzas para niños*. Este libro no pretende que los niños se conviertan en inversores sabelotodo o magnates de los negocios (aunque eso sería una consecuencia maravillosa); el objetivo principal es presentar información básica, pero importante, para que los niños desarrollen su responsabilidad financiera y dispongan de recursos para tomar decisiones financieras inteligentes a una edad temprana.

Introducción:

¡Bienvenido a la clase!

¡Hola! Mi nombre es señor Buckingham. Mis alumnos me llaman señor Buck. Enseño Matemáticas e Historia la mayor parte del tiempo, pero lo que más me gusta es enseñar asuntos de dinero a niños como tú. Esta clase te introducirá en el mundo de las finanzas. Te lo pasarás muy bien aprendiendo más sobre el dinero. No te preocupes: esta clase será entretenida. De hecho, cinco de tus compañeros sentados en la primera fila se han ofrecido para ayudarme a hacer esta clase más emocionante. Puedes agradecer de antemano su ayuda a Ben, George, Andrew, Olivia y Chloe.

¿Listo para empezar? ¡Que comience la diversión y el aprendizaje!

FINANZAS

Capítulo 1:

¿Qué son las finanzas?

Dinero: *cualquier cosa aceptable que se pueda utilizar para intercambiar por bienes y servicios.*

Bienes: *artículos reales que se pueden ver y tocar.*

Me encanta enseñar cómo funciona **el dinero,** porque el dinero es valioso y útil. Se ha convertido en una parte importante de nuestra vida cotidiana. El dinero nos permite comprar **bienes,** como videojuegos, ropa, libros y teléfonos inteligentes. A mucha gente le gusta ir de compras. Con el dinero, puedes comprar muchas de las cosas que quieres.

Servicios: *trabajo proporcionado por otra persona.*

Gastar: *utilizar tu dinero para pagos o compras.*

Ahorrar: *apartar tu dinero para un uso futuro.*

El dinero también te permite obtener **servicios**. Tus padres pagan a un mecánico para que repare el coche, a un jardinero para que corte el césped, a un fontanero para que arregle una fuga de agua y a un médico para que te diagnostique cuando te pones enfermo. Quizá no lo sepas, pero la electricidad, la televisión por cable y los servicios de internet que utilizas en casa están a tu disposición gracias al dinero.

Cuando recibes dinero, puedes elegir entre **gastarlo** o **ahorrarlo,** todo o parte, para el futuro. No hay nada malo en gastar el dinero, especialmente para comprar bienes y servicios que realmente necesitas; sin embargo, ahorrar dinero también es muy importante, porque te ayuda a prepararte para los artículos caros que necesitarás comprar en el futuro, como una educación universitaria, un coche y una casa. Y, lo que es más importante, ahorrar dinero te permite afrontar mejor los gastos inesperados y las emergencias que puedan surgir en el futuro.

Invertir: *poner el dinero en un lugar donde pueda crecer.*

Ahorros: *dinero reservado para un uso futuro.*

Organizaciones benéficas: *organizaciones que prestan ayuda a los necesitados.*

Lo emocionante del dinero es que puede crecer cuando se coloca en el lugar adecuado. A esto se le llama **invertir**. Cualquier persona, joven o mayor, puede invertir **sus ahorros** y ganar más dinero. Cuanto antes empiece a invertir su dinero, más crecerán sus ahorros con el tiempo.

Esta es la mejor parte. Además de gastar, ahorrar e invertir, ¿sabías que el dinero permite a una persona ayudar a la comunidad? Con el dinero, puedes apoyar a **organizaciones benéficas** y marcar la diferencia en la vida de alguien, hacer que sea mejor. Te aseguro que te sentirás muy bien cuando puedas ayudar a alguien y contribuir a una causa digna. Más adelante aprenderás más sobre esto.

Como hay tantas cosas maravillosas que se pueden hacer con el dinero. Ya sabes que casi todo el mundo sueña con tener mucho dinero, pero el dinero no es fácil de conseguir. ¿Has oído la expresión «El dinero no crece en los árboles»? Esto significa que el dinero no es algo que se pueda conseguir fácilmente, como si se cogiera una manzana de un árbol. La gente tiene que trabajar para ganar dinero.

¿Tus padres trabajan? La mayoría de los padres se gana la vida trabajando. Los adultos suelen trabajar ocho horas al día, cinco días a la semana. Algunos trabajan incluso más tiempo. Ganar dinero requiere mucho tiempo, energía y habilidad. Pero la recompensa de tener un trabajo puede ser mucho más que ganar dinero. También puedes ayudar a crear algo, devolver un poco a la comunidad, gestionar un servicio interesante... Todo esto y más son cosas buenas que se derivan de tener un trabajo.

Inversiones: *algo que se compra con la esperanza de que proporcione ingresos o tenga más valor en el futuro.*

No obstante, también hay algunas realidades no tan buenas que hay que afrontar cuando se trata de dinero. Cuando alguien compra más de lo que gana, puede quedarse sin dinero en el futuro. A veces, la gente también puede perder dinero cuando pone sus ahorros en las **inversiones** equivocadas. ¡Ojo! Cuando no gestionas y proteges adecuadamente tu dinero, puedes perderlo. Uno tiende a estresarse cuando pierde ese dinero que tanto le ha costado ganar, sobre todo cuando no puede comprar las cosas que necesita.

***Finanzas:** la forma de obtener, gestionar y utilizar el dinero.*

Aprender a ganar dinero y a cuidar de sus ganancias es una responsabilidad que no se puede dar por sentada. Aquí es donde el conocimiento de **las finanzas** resulta muy útil. Las finanzas, en pocas palabras, son el proceso de gestión del dinero. Aprender cómo funcionan las finanzas te ayudará a tomar buenas decisiones cuando llegue el momento de determinar cómo vas a ganar y hacer dinero. Y lo que es más importante: entender cómo funciona el dinero te permitirá tomar decisiones más inteligentes a la hora de gastar, ahorrar e invertir tu dinero.

¡Hoy es es un gran día para aprender finanzas! Encontrarás más conceptos en los siguientes capítulos.

Capítulo 2:

El dinero: ¿cómo empezó todo?

Hace miles de años, antes de que se desarrollara el dinero, la gente era autosuficiente. Cuidaban de sí mismos y de sus hijos en sus pequeñas aldeas.

La vida era sencilla. Sobrevivían principalmente gracias a la caza. Cuando se agotaban los alimentos, se trasladaban de un lugar a otro. Durante todo ese tiempo, no hubo necesidad de dinero.

Especializarse: *elegir una cosa para ser realmente bueno.*

Productividad: *ser capaz de fabricar bienes o prestar servicios.*

El trueque: *el intercambio de bienes y servicios sin utilizar dinero.*

Con el paso del tiempo, muchas personas desarrollaron habilidades especiales. Algunos aprendieron a criar ganado, cerdos y ovejas. Algunos fueron capaces plantar cultivos y granos, mientras que otros desarrollaron habilidades en la pesca, la carpintería, la minería y la artesanía. La gente aprendió a especializarse; es decir, a elegir una cosa para ser realmente bueno en algo concreto. Con la especialización, **la productividad** aumentó, lo que significa que la gente producía más de lo que necesitaba.

La especialización animó a las personas a comerciar entre sí por bienes que no podían producir o por tareas que no podían realizar. Pongamos un ejemplo: un agricultor necesitaba la ayuda de un carpintero para construir una casa, y un carpintero necesitaba a un agricultor para conseguir alimentos. Lo lógico era que ambos se pusieran de acuerdo. Se empezó a comerciar, pero no se utilizaban billetes ni monedas. La gente entonces hacía **trueques**.

El trueque es el intercambio de bienes y servicios sin utilizar dinero. Es similar al intercambio de cromos de fútbol, el intercambio de videojuegos o el intercambio de almuerzos caseros con los compañeros. Antes de que se desarrollara el dinero, un granjero podía cambiar una vaca por dos cerdos, o un carpintero podía ofrecerse a construir un granero a cambio de comida y herramientas. Lógico, ¿verdad?

El trueque funciona siempre que una persona encuentre a otra dispuesta a intercambiar y aceptar los bienes o servicios que se cambian. Pero no siempre sale bien. Si el ganadero cree que el valor de su vaca es al menos igual que el de dos cerdos, ¿qué ocurrirá si no encuentra un ganadero que tenga dos cerdos para intercambiar? ¿Y si el ganadero solo tiene un cerdo pequeño? ¿Cambiará el ganadero su vaca por pan o por una herramienta? Lo más probable es que el ganadero no intercambie su vaca si no encuentra algo que tenga al menos el mismo valor. Si no lo encuentra, no habrá intercambio. Así de sencillo. Por lo tanto, el trueque no siempre funciona, ya que puede ser difícil encontrar algo cuyo valor coincida con los artículos que se intercambian.

Instrumento de cambio: *cualquier cosa que pueda utilizarse para realizar una transacción.*

Transacción: *compra o venta de bienes y servicios.*

Pagaré: *un papel por el que se promete pagar al titular.*

A medida que el comercio se expandía, la gente aprendió a comerciar con más bienes, incluyendo metales preciosos, como el oro y la plata. Como el oro era raro, bello y podía moldearse en lingotes, se aceptó el oro como forma de pago común. El valor del oro se determinaba por su peso. El comercio prosperó, porque el oro era ampliamente aceptado como **instrumento de intercambio**.

Sin embargo, el problema no estaba del todo resuelto. El uso del oro para el comercio tiene inconvenientes. Cuando las **transacciones** se hicieron más grandes, los comerciantes se vieron obligados a llevar pesadas cargas. ¿Te imaginas cuánto oro tenían que llevar si querían comprar una granja o un gran barco? Solución: a los comerciantes les resultaba más fácil dejar su oro a una persona, como un orfebre o un banquero, para que lo custodiara. Los orfebres y los bancos emitían **notas** escritas en papel donde se indicaba la cantidad de oro que se les había dejado. La persona que tenía el billete tenía la opción de ir al banco y cambiarlo por oro, o podía seguir utilizando el billete para otras transacciones. Adivina qué pasó después. Como los billetes se valoraban con oro real, podían circular en el mercado. Los comerciantes aceptaron esos billetes como pago de bienes y servicios. Como resultado, los billetes de papel (de un dólar, de cinco, de veinte, etc.) se convirtieron en instrumentos de cambio habituales. Las monedas comenzaron siendo de oro y plata, pero pronto pasaron a ser de cobre y otros metales mixtos.

Curiosamente, el dinero que se utiliza hoy en día ya no está respaldado por el oro, y el propio papel que se utiliza para imprimir el dinero tiene muy poco valor, casi ninguno. Así que la pregunta que te puedes hacer es: ¿por qué mi dinero sigue teniendo valor?

Gobierno: *el grupo de personas que dirige una nación o una comunidad.*

Garantía: *promesa de que se cumplirá con una condición.*

Estabilidad: *ser fuerte y menos propenso a fracasar y arruinarte.*

Para que tu dinero siga siendo valioso, el **Gobierno** tiene que **garantizar** su valor. Una garantía es una promesa de que se cumplirá una determinada condición. El valor del dinero que usas hoy está garantizado por el Gobierno. Tú y todos confiamos en esa garantía del Gobierno. Este sistema en el que el Gobierno ofrece su garantía y la gente confía en la palabra del Gobierno ayuda a mantener la **estabilidad** y el valor de nuestro dinero.

Capítulo 3:

Cómo ganar dinero

Ingresos: *dinero recibido de otra persona.*

Salario: *el pago al trabajador por el servicio prestado.*

Negocio: *actividad que aporta ingresos mediante la venta de bienes o servicios.*

Empleado: *persona que trabaja para otra persona u organización a cambio de una remuneración.*

Empleador: *la persona u organización que proporciona los puestos de trabajo.*

Corporación: *organización formada por un grupo de personas que actúan juntas; una corporación puede ser también una empresa o un negocio.*

Las personas necesitan **ingresos** para obtener dinero. Hay muchas formas de ingresos. Pueden recibirse en forma de **salario**. Puede obtenerse como beneficio por tener un **negocio.** Puede provenir de una inversión. Y también puede ser un regalo de amigos y familiares. Veamos algunas fuentes de ingresos para comprender mejor de qué estamos hablando.

A. Trabajar para alguien

Para ganar dinero hay que trabajar. La mayoría de los adultos ganan dinero teniendo un trabajo. Una persona que trabaja para alguien se llama **empleado**, mientras que el que proporciona el trabajo se llama **empleador**. El empleador puede ser una persona física, una **empresa** o el Gobierno. El empleado recibe un salario como pago por el trabajo realizado para el empleador.

¿A qué se dedican tus padres? ¿Has pensado en el tipo de trabajo que quieres hacer cuando seas mayor? Algunos trabajos están mejor pagados, pero pueden requerir más estudios y formación. El siguiente gráfico muestra algunos trabajos que puedes considerar para el futuro. El gráfico también muestra el salario medio anual en Estados Unidos y la cantidad de estudios y formación necesarios para acceder a estas ocupaciones.

Trabajo	**Salario medio anual**	**Años de estudio/ formación**
Piloto de avión	$101,852	4 años en la universidad, formación en una academia de vuelo, además de mucha experiencia de vuelo
Carpintero	$41,354	3-4 años de formación
Programador informático	$58,436	2-4 años de universidad
Dentista	$123,922	4 años en la universidad más 4 años en la escuela de odontología
Doctor/ Médico	$138,248	4 años en la universidad más 4 años en la escuela de medicina, después al menos 3 años de residencia/ formación
Profesor de primaria	$41,561	4 años en la universidad

Ingeniero Eléctrico	$70.675	4-5 años en la universidad
Analista financiero	$56.469	4 años en la universidad
Bombero	$43.915	2-4 años de universidad más formación en una academia de bomberos
Abogado	$77.251	4 años de universidad más 3 años de derecho
Agente de policía	$48.336	2-4 años de universidad más formación en una academia de policía
Enfermera titulada	$57.672	2-4 años en la universidad

Estimaciones salariales en Estados Unidos (2015)

A la hora de elegir una carrera, hay que recordar esto: no debes fijarte solo en el salario o en el prestigio asociado al trabajo. También es muy importante que disfrutes del tipo de trabajo que haces.

B. Trabajar por cuenta propia. Proporcionar bienes o servicios.

Autónomo: *persona que se gana la vida trabajando para sí misma.*

Beneficio: *el dinero obtenido por la gestión de una empresa al tener más ingresos que gastos.*

¿Has conocido a alguien que tenga una tienda, un comercio, un negocio o un restaurante? Estas personas ganan dinero trabajando para sí mismas en lugar de trabajar para un empleador. Se les llama **autónomos** o propietarios de negocios. Ganan dinero teniendo un beneficio del negocio que poseen.

Ingresos: *el dinero obtenido por la venta de bienes o servicios.*

Gastos: *el dinero que se gasta en el funcionamiento de la empresa.*

El beneficio puede calcularse sumando todos los **ingresos** y restando todos los **gastos**. Los ingresos son las ganancias que obtiene la empresa por la venta de bienes o servicios. Los gastos son el dinero que la empresa gasta en su funcionamiento. Los gastos pueden incluir el dinero utilizado para pagar los materiales, los suministros de oficina, el equipo, el alquiler y los salarios de los empleados. La fórmula básica para calcular el beneficio es:

Beneficio = Ingresos - Gastos

Una empresa obtiene beneficios cuando los ingresos totales son mayores que los gastos totales. El objetivo de todo autónomo, al igual que el de la mayoría de las organizaciones empresariales, es obtener constantemente un buen beneficio. Un negocio rentable significa que los propietarios están ganando dinero. Los beneficios pueden utilizarse para crecer y ampliar el negocio.

Pérdidas: *lo contrario de los beneficios; el resultado de tener más gastos que ingresos.*

Cuando los gastos son mayores que los ingresos, la empresa tiene **pérdidas**. Durante una pérdida, sale más dinero del que entra. Ningún autónomo u organización empresarial quiere tener pérdidas. Si la empresa continúa experimentando pérdidas, los propietarios pueden verse obligados a cerrar el negocio.

PÉRDIDA
BENEFICIO
GASTOS
INGRESOS
¡BIEN!

PÉRDIDA
BENEFICIO
INGRESOS
GASTOS
¡QUÉ RABIA!

Capítulo 4:

El poder del dinero

A. Haz que tu dinero trabaje para ti

Interés: *el pago por el uso del dinero.*

Depósito: *guardar dinero en un banco.*

Tu dinero puede crecer con el tiempo, gracias a los **intereses que** puedes ganar cuando está **depositado** en un banco. El interés es el dinero que el banco te paga para poder utilizar tu dinero en sus propias inversiones. En otras palabras, los bancos te pagan intereses porque, cuando depositas tu dinero, les permites que lo utilicen para su negocio.

Principal: *la cantidad original de dinero invertido.*

Tipo de interés: *porcentaje que se paga por el uso del dinero.*

Plazo: *período de tiempo para una inversión o un préstamo.*

Para calcular el importe de los intereses, es necesario conocer tres números:

- La cantidad de dinero original, también conocida como **Principal**.
- El **tipo** de interés anual. El tipo de interés es la tasa que se paga por el uso del dinero. Normalmente se muestra como un porcentaje.

- El tiempo que el dinero permanecerá en el banco. También se conoce como **plazo**.

Estas tres cifras se multiplican para obtener el importe de los intereses obtenidos.

Interés	=	Cantidad de dinero (principal)	x	Tipo de interés	x	Tiempo(plazo)

Por ejemplo, supongamos que Jorge ha depositado $1,000 de sus ahorros en el banco AhorraMás. Este banco paga un tres por ciento de interés al año. ¿Cuánto interés recibirá en tres años?

Usando la fórmula que acabamos de aprender:

Interés	=	**$1,000**	x	**3%**	x	**3 años**

Interés = **$90**

Los $1,000 de George producirán $90 en tres años, lo que supone $30 al año. Los $90 ganados en tres años pueden no parecer muy emocionantes. Pero ¿cuánto dinero ganará George en tres años si mantiene sus ahorros de $1,000 bajo su cama? Cero. Esos $90 de intereses ganados en tres años son mucho mejor que nada.

Ahora piensa en los intereses que ganará Jorge si aumenta la cantidad de dinero que deposita en el banco. Añade dos ceros a su depósito inicial, con lo que su depósito total será de $100,000. Sus intereses durante tres años serán de $9,000 (acabamos de añadir dos ceros a los intereses ganados). Esto equivale a $3,000 al año. Increíble, ¿verdad?

B. El dinero funciona para ti... y también para los demás

Depositante: *persona u organización que deposita dinero en el banco.*

Prestatario: *persona u organización que utiliza el dinero de otra persona durante un periodo de tiempo.*

Prestamista: *persona u organización que presta dinero para obtener un beneficio.*

Al igual que la mayoría de las empresas, los bancos operan para obtener beneficios. Recordemos que los bancos tienen dinero de los **depositantes,** que son las personas que depositan dinero en el banco. De igual forma, los bancos pueden prestar ese dinero a sus propios clientes. Los bancos ganan dinero prestando el dinero a un tipo de interés superior al que el banco te paga a usted en concepto de intereses. ¿Vas pillando cómo funcionan?

Para mostrar cómo los bancos obtienen beneficios, supongamos que una de las clientes del banco AhorraMás, Chloe en este caso, pidió un préstamo de $1,000 para comprar un nuevo horno para su pastelería. En este caso, Chloe se convierte en **prestataria**, mientras que el banco se convierte en **prestamista**. AhorraMás utilizó el dinero que George había depositado anteriormente y se lo prestó a Chloe. Si el banco AhorraMás cobra un interés del siete por ciento a Chloe, ¿cuánto pagará si utiliza el dinero prestado durante tres años? Utilizando la misma fórmula que aprendiste antes, calcula el interés así:

Interés = **$1,000** x **7%** x **3 años**

Interés = **$210**

Al final del tercer año, Chloe pagará $210 al banco AhorraMás. Estos $210 suponen un ingreso para el banco. Entonces, ¿cuál es el beneficio que obtiene el banco con esta simple transacción? Vuelve a utilizar la fórmula básica sobre cómo se obtienen los beneficios:

Beneficio = Ingresos - Gastos

Beneficio = $210 de intereses de Chloe - $90 de intereses pagados a George

Beneficio = $120

Este es un ejemplo sencillo de cómo un banco gana dinero mediante el uso de sus depósitos. Los bancos tienen muchos clientes que depositan su dinero en el banco y también muchos clientes que piden dinero prestado al banco. Por ejemplo, el Bank of America indica en su página web que en 2014 tuvo más de $1.1 trillones en depósitos, ¡y obtuvo la friolera de $4.8 billones de beneficios!

Los tipos de interés que los bancos ofrecen a sus depositantes y prestatarios no son fijos. Los tipos pueden cambiar con el tiempo, debido a diferentes factores. Por ejemplo, en el año 2000 algunos bancos pagaban tipos de interés de hasta el cinco por ciento a los que depositaban su dinero en el banco. La desventaja de esto era que la gente que necesitaba pedir dinero prestado tenía que pagar tipos de interés más altos. Esto era necesario para que los bancos pudieran ganar dinero.

Luego, la cosa cambió: el tipo de interés pagado por los bancos a sus depositantes bajó a menos del uno por ciento en 2014. Las personas que dependían de los ingresos de sus depósitos bancarios se vieron perjudicadas por los bajos tipos de interés. Sin embargo, los bajos tipos de interés fueron una buena noticia para las personas que tenían que pedir dinero prestado. Esto significa que el interés que pagaban al banco por grandes compras como casas y coches era menor en comparación con lo que pagaban 15 años antes. Estos cambios en los tipos de interés van bien a unos y mal a otros. Así es la vida.

Capítulo 5:

Introducción al crédito

Crédito: *acuerdo que permite a un prestatario obtener algo valioso y pagar al prestamista en el futuro.*

Tarjeta de crédito: *pequeña tarjeta de plástico que permite al prestatario comprar bienes y servicios a crédito.*

Préstamo: *dinero prestado por alguien con la promesa de que el dinero será devuelto en el futuro.*

Hipoteca: *un tipo de préstamo utilizado para comprar una casa.*

A.¿Qué es el crédito?

¿Has visto a tu madre hacer la compra sin usar dinero? En muchas ocasiones una tarjeta de plástico por delante de la caja registradora, firma un papel y se va con la compra, ¿verdad? ¿Eso significa que le han regalado la compra? En absoluto. Ha comprado la comida con una cosa llamada **crédito**.

El crédito es un acuerdo entre un prestatario (en el ejemplo anterior, tu mamá) y un prestamista (el banco), por el que el prestatario obtiene algo valioso y promete pagarlo en el futuro. El crédito permite al prestatario obtener dinero, bienes o servicios, y disfrutar inmediatamente de sus beneficios mientras retrasa los pagos por ello. Todo el dinero, los bienes y los servicios que se obtienen a través de acuerdos de crédito deberán pagarse en su totalidad en algún momento en el futuro. Por lo general, el importe total del pago realizado es superior al precio original que se pagó. Esto es así porque, cuando un prestatario utiliza el crédito, el prestamista le cobra intereses por utilizar el dinero prestado.

Hay muchas formas en que los prestamistas proporcionan servicios de crédito a sus clientes. El crédito puede ser en forma de **tarjetas de crédito**, **préstamos** para automóviles, préstamos para estudiantes y préstamos para la vivienda; los préstamos para la vivienda también se conocen como **hipotecas**. Puede que no te des cuenta, pero las empresas de servicios públicos (gas, electricidad, cable, agua...) también proporcionan servicios de crédito. En tu casa, utilizas crédito cada vez que enciendes las luces, tiras de la cadena, ves programas en la televisión por cable, navegas por internet y utilizas el teléfono móvil. Las empresas de servicios públicos dan crédito a tus padres y permiten que tu familia utilice sus servicios inmediatamente. Tus padres pagarán lo que utilicen más adelante.

B. La parte buena del crédito.

Dinero en efectivo: *en forma de billetes y monedas.*

Deuda: *la cantidad de dinero que una persona o empresa debe.*

Estado de cuenta: *un informe que muestra cómo has utilizado el crédito durante el último mes.*

El uso del crédito tiene muchas ventajas. Cuando la gente no tiene suficiente **dinero en efectivo**, puede conseguir las cosas que necesita y desea utilizando el crédito; podrá pagar sus **deudas** (el dinero que debe) cuando el dinero esté disponible. El crédito también permite a la gente pedir dinero prestado comprometiendo sus ingresos futuros previstos. Esto es muy útil a la hora de comprar cosas caras, como una casa, un coche o una educación universitaria. Con el crédito, las familias pueden comprar una casa. La gente puede comprar coches para ir al trabajo. El crédito permite a los estudiantes ir a los colegios y a las universidades mientras persiguen sus sueños de mejorar en la vida.

El crédito hace que comprar sea más cómodo y seguro. Con las tarjetas de crédito, no es necesario llevar una gran cantidad de dinero en efectivo, especialmente cuando se viaja. Recordemos que en los viajes solemos perder u olvidar cosas. El crédito nos permite comprar bienes y servicios en línea o a través de los teléfonos inteligentes. Los **extractos que** recibes de los prestamistas también te proporcionan un buen registro de lo que has gastado, lo que has pagado y lo que debes. Así, la cuentas estarán claras.

Las empresas y los Gobiernos utilizan el crédito para crecer y expandirse. Con el crédito, las empresas pueden obtener dinero para comprar los suministros y materiales necesarios, aunque no tengan suficiente dinero en efectivo. Utilizan el crédito para grandes compras, como la adquisición de fábricas, equipos y vehículos. Las empresas pagan sus préstamos a medida que obtienen beneficios.

Impuestos: *el dinero que todos aportamos al Gobierno para ayudar a pagar los proyectos estatales y los servicios públicos.*

El Gobierno también utiliza el crédito para pagar grandes proyectos, como nuevas carreteras, puentes, pasarelas y edificios. El Gobierno paga sus deudas con el dinero que recauda a través de **los impuestos**. Un impuesto es el dinero que aportas al Gobierno para ayudar a pagar esos grandes proyectos gubernamentales y servicios públicos (como la Policía y las fuerzas armadas, las escuelas, las bibliotecas, los hospitales, los parques y el servicio postal).

C. Las cosas del crédito que no son tan buenas

Aunque el crédito beneficia a mucha gente, también puede ser perjudicial. Recuerda que todo lo que compras a crédito tendrá que ser devuelto con intereses en algún momento en el futuro. Ese momento en el futuro es específico, no es cualquier momento en el que quieras devolverlo; hay plazos que tendremos que cumplir. No utilizar el crédito correctamente puede provocar una situación en la que las deudas sean demasiado grandes y estén fuera de control. Eso sería malo.

Gastar en exceso: *utilizar más dinero del que deberías.*

Quiebra: *situación en la que una persona o empresa es declarada legalmente incapaz de pagar sus deudas.*

Perdonar: *cancelar toda o parte de la deuda.*

Informe de crédito: *resumen del historial crediticio de la persona, que suele utilizarse para evaluar su situación crediticia.*

Como tienes que pagar intereses por utilizar el dinero que has pedido prestado, lo que debes (tus deudas) podría acumularse más rápido de del tiempo que necesitas para poder pagarlas. **Gastar en exceso** puede poner a los prestatarios en una situación en la que apenas puedan seguir pagando. Cuando no pagan lo que deben a tiempo, pueden perder propiedades valiosas, como la casa y el coche. Por lo tanto, si utilizas tu tarjeta de crédito y no pagas el dinero a tiempo y en su totalidad, puedes tener grandes problemas financieros. Cuidado con eso. No pagar los préstamos puede destruir la buena reputación del prestatario. En muchas ocasiones, gastar demasiado y gestionar mal el crédito provoca la ruptura de las relaciones familiares. En algunos países, el impago de los préstamos se castiga con penas de cárcel. En muchos países, una persona con una deuda inmanejable puede verse obligada a declararse **en quiebra**.

La quiebra se produce cuando una persona o una empresa ya no puede pagar la deuda que tiene. La quiebra ofrece a una persona o a una empresa la oportunidad de empezar de cero, **condonando** las deudas que no se pueden pagar. En Estados Unidos, por ejemplo, la quiebra solo puede ser concedida por un juez de un tribunal estatal o federal; por lo tanto, hay que acudir a los tribunales para que aprueben la declaración de quiebra.

Aunque la quiebra borra la mayoría de las deudas, declararse en bancarrota tiene efectos negativos a largo plazo. Hay que tener en cuenta que la quiebra aparecerá en nuestro **informe crediticio**, podría impedirle obtener nuevos préstamos, o podría aumentar los tipos de interés que tendrá que pagar para obtener un préstamo. Es decir, si nos hemos declarado en quiebra, no será fácil que nos vuelvan a prestar dinero. La declaración de quiebra implica un proceso complicado y costoso que te quitará tiempo a los estudios, el trabajo y la familia. Además, la quiebra puede interferir en la obtención de un nuevo trabajo. Los empleadores pueden investigar los informes de crédito antes de hacer ofertas de trabajo. Una quiebra en su informe crediticio puede empujar a los empleadores a ofrecer las oportunidades de trabajo a otros posibles empleados que sí hayan demostrado una mayor responsabilidad con la gestión de sus finanzas personales. Lógico, ¿verdad?

Capítulo 6:

El crédito

A. Diferentes tipos de crédito

Veamos los diferentes tipos de crédito que los estudiantes como tú probablemente encontrarán en un futuro próximo.

1. Tarjetas de crédito

Una tarjeta de crédito es una pequeña tarjeta de plástico que emiten los bancos y otras empresas para que sus clientes las usen. Una tarjeta de crédito permite al titular (la persona autorizada por el banco a utilizar la tarjeta de crédito, normalmente la persona cuyo nombre figura en la tarjeta) comprar bienes y servicios a crédito. Los bancos trabajan con asociaciones de tarjetas de crédito, como Visa, Master Card y American Express, para procesar las compras realizadas con tarjetas de crédito. El titular de la tarjeta puede utilizarla en todo el mundo, porque es aceptada en millones de lugares de todo el mundo.

Tarjeta de crédito de la tienda: *una tarjeta de crédito otorgada por los grandes almacenes; solo puede utilizarse para compras en esa tienda.*

Descuento: *venta de bienes o servicios a un precio más bajo.*

Reembolso: *devolución de una parte del pago realizado.*

Los grandes almacenes, como Target, Sears, Home Depot, Macys y El Corte Inglés, ofrecen **tarjetas de crédito para tiendas**. Las tarjetas de crédito de tiendas funcionan como una tarjeta de crédito ordinaria. La principal diferencia es que la mayoría de las tarjetas de crédito de tiendas solo pueden utilizarse para comprar bienes y servicios en las tiendas del proveedor. Debido a esta restricción, obtener una tarjeta de crédito de tienda es más fácil que obtener una tarjeta de crédito «normal», las que se pueden utilizar en cualquier lugar. Esas tiendas también ofrecen **descuentos**, **rebajas** y otras recompensas diseñadas para beneficiar a los compradores que vuelven una y otra vez. Esos compradores se llaman clientes recurrentes.

Los bancos cobran intereses por el uso de la tarjeta de crédito cuando las compras realizadas no se pagan en su totalidad cada mes. Cada mes recibirás un extracto por correo o por internet de la compañía de tarjetas de crédito, en el que se te indicará cuánto debes y cuándo tienes que pagarlo. Si no pagas el importe total durante el periodo de gracia, que puede ser de 15 a 30 días desde la fecha en que recibiste el extracto, el emisor de la tarjeta de crédito o el banco te cobrará un tipo de interés muy alto, que oscila entre el 10 y el 24 por ciento anual. Eso es mucho, significa que casi una cuarta parte de la cantidad que has gastado podría ser añadida en intereses. Así, una compra de $100 podría convertirse en ¡$124! Si el titular de la tarjeta no realiza el pago mínimo a tiempo, el tipo de interés puede ser incluso mucho mayor. Además de los intereses, los bancos también pueden cobrar una comisión de demora si te retrasas en el pago, lo que hace que lo que has comprado sea mucho más caro que el precio original, debido a todas las comisiones añadidas. Conclusión: mucho mejor pagar antes de que se cumpla el plazo.

Anticipo de efectivo: *pedir prestado dinero en forma de efectivo a una compañía de tarjetas de crédito.*

Cajero: *empleado del banco que ayuda a los clientes en sus necesidades bancarias.*

Cheque: *un papel que indica al banco que debe pagar la cantidad indicada a otra persona o empresa.*

Los titulares de tarjetas de crédito también pueden sacar dinero en efectivo utilizando sus tarjetas de crédito. Esto se llama **adelanto de efectivo**. Un anticipo de efectivo es como pedir a la compañía de la tarjeta de crédito que te dé dinero que puedas gastar en lo que quieras. Puedes obtener dinero en efectivo a través de un cajero automático (ATM), a través de un **cajero** dentro del banco o pidiendo a la compañía de la tarjeta de crédito que te envíe un **cheque**. Los titulares de las tarjetas pueden obtener dinero en efectivo hasta un determinado límite. No es buena idea pedir anticipos de efectivo con la tarjeta de crédito, porque las comisiones e intereses asociados son muy altos. Los anticipos en efectivo solo deben utilizarse en caso de emergencia y deben pagarse inmediatamente en cuanto se disponga del dinero.

ESTO ES LO QUE DIJO EL INVERSOR MULTIMILLONARIO MARK CUBAN CUANDO LE PREGUNTARON QUÉ LE GUSTARÍA HABER SABIDO SOBRE EL DINERO A LOS VEINTE AÑOS.

Lecciones de un experto

"Que las tarjetas de crédito son la peor inversión que se puede hacer. Que el dinero que ahorras en intereses por no tener deudas es mejor que cualquier rendimiento que pudieras obtener invirtiendo ese dinero en bolsa."

2. Préstamos para estudiantes

Ir a la universidad es una de las mejores decisiones que puedes tomar para ti. Los estudios demuestran que las personas con títulos universitarios ganan mucho más a lo largo de su vida que las que no los tienen. Sin embargo, no olvidemos que la educación universitaria puede ser cara, sobre todo si vas a una de las universidades privadas más famosas.

Préstamo estudiantil: *dinero prestado para pagar los gastos de educación.*

Reembolso: *devolver el dinero que se debe.*

Para pagar la educación universitaria, los estudiantes suelen solicitar **préstamos estudiantiles**. Este préstamo puede utilizarse para pagar la matrícula, los libros, los ordenadores y los gastos de manutención. La buena noticia de los préstamos para estudiantes, en Estados Unidos, es que el **reembolso** (la devolución del dinero) no comienza hasta que el estudiante termina sus estudios. Esto permite que el estudiante se concentre en sus estudios y no se preocupe por los pagos. La mala noticia es que este préstamo no puede ser cancelado o borrado, incluso si no te gustó la educación que recibiste o si no conseguiste un trabajo relacionado con tu título; tampoco si estás pasando por un mal momento financiero o te has declarado en bancarrota. Por lo tanto, cualquier estudiante que desee solicitar un préstamo estudiantil debe pensar seriamente en la cantidad total que va a pedir prestada, así como en la forma en que piensa devolver el préstamo a lo largo de los años. Desde luego, no querrás ahogarse en una avalancha de deudas cuando termines la universidad, ¿verdad?

Pago inicial: *es el primer pago mayor que se requiere al comprar bienes y servicios más caros a crédito.*

Saldo: *la cantidad de dinero que aún se debe.*

Cuota: *varios pagos iguales realizados por el prestatario hasta el pago total del préstamo.*

Título del coche: *papel que identifica al propietario legal del vehículo.*

3. Préstamos para automóviles

Los adultos pueden utilizar los préstamos para automóviles para comprar coches nuevos o usados. Los préstamos para automóviles los conceden los bancos, los fabricantes de coches y, a veces, los concesionarios (los que venden los coches). Se trata de un préstamo único, lo que significa que el prestamista entregará el dinero una sola vez para completar la venta del coche. A menudo, el comprador del coche tendrá que pagar una parte del precio de venta, llamada **pago inicial,** por adelantado y de inmediato. El **saldo** (el resto) será devuelto por el comprador del coche en pagos mensuales iguales, llamados **cuotas**. Los préstamos para automóviles suelen tener un plazo de hasta siete años, lo que significa que puedes tardar hasta siete años en pagar el préstamo y los intereses. Aunque el prestatario se queda con el coche, el título del **coche** permanece en manos del prestamista hasta que el prestatario haya pagado totalmente el préstamo. El título del coche es un formulario legal que identifica y certifica quién es el propietario legal del vehículo. Una vez que el prestatario haya pagado el préstamo del coche, el título se transferirá al nombre del prestatario.

B. Cómo conseguir un crédito

No todos los que solicitan una tarjeta de crédito o un préstamo son considerados aptos. Los bancos conceden créditos a personas cualificadas que los solicitan, que son las que consideran que podrán devolver el préstamo. Pero ¿cómo puede saber un banco que la persona que solicita un préstamo es un buen prestatario y que devolverá lo que promete?

Los bancos tienen varias formas de averiguar si van a conceder un crédito o no. Para obtener una tarjeta de crédito o un préstamo, en primer lugar tienes que rellenar un formulario de solicitud, en el que te hacen muchas preguntas sobre tu vida financiera. Aunque los bancos se fijan en varias cosas a la hora de determinar la solvencia del prestatario, la mayoría de ellos se prestan atención principalmente en el carácter y la capacidad del prestatario. Veamos cada uno de ellos.

1. Solicitante

Carácter: *la reputación y los rasgos del prestatario en la mano del dinero y las deudas.*

Historial crediticio: *registro de la responsabilidad del prestatario en el pago puntual de sus deudas.*

Calificación crediticia: *es la nota o calificación numérica que ha recibido con base en la información del informe crediticio.*

El carácter se refiere a la reputación del prestatario. El carácter muestra la voluntad del prestatario de devolver el préstamo. Los bancos averiguan el carácter del prestatario revisando su **historial crediticio**, su **puntuación de crédito**, su formación y su experiencia laboral. En definitiva, su solvencia.

Cuando una persona solicita un crédito, el prestamista o el banco obtiene el informe de crédito del solicitante. El informe de crédito informa del historial crediticio de la persona, incluyendo su historial de pago de deudas a tiempo y la cantidad de deuda que aún debe o que no ha pagado en su totalidad.

El informe de crédito también proporciona la puntuación de crédito de la persona. La puntuación crediticia califica la forma en que el prestatario ha gestionado los préstamos anteriores y la cantidad de préstamos que aún tiene que pagar. Un prestatario con más de uno o dos pagos atrasados tendrá una puntuación más baja que uno que ha devuelto su préstamo en el plazo acordado. Tener demasiados préstamos por pagar (como demasiadas tarjetas de crédito con dinero adeudado) también puede hacer bajar la puntuación de crédito. La puntuación de crédito desempeña un papel importante en la decisión del banco sobre si prestar el dinero o conceder una tarjeta de crédito, así como el tipo de interés que se ofrecerá al prestatario. Las personas con una alta puntuación de crédito obtendrán con toda probabilidad la aprobación de su solicitud de préstamo. También recibirán buenos tipos de interés. Por otro lado, los bancos pueden rechazar las solicitudes de préstamo de un prestatario con una puntuación de crédito muy baja. Si tiene una puntuación de crédito baja y la compañía de tarjetas de crédito o el banco decide prestarle el dinero o darle una tarjeta de crédito, probablemente le cobrarán un tipo de interés más alto. Ojo con esto.

Aunque Ben y Andrew compraron a la vez el mismo automóvil (valorado en $10,000) y ambos lo financiaron a 5 años, Andrew paga más cada mes debido a su peor puntuación de crédito.

Cuidar tu reputación crediticia es una responsabilidad muy importante. Si no pagas tus deudas a tiempo, esa mancha te perseguirá en el futuro cuando solicites préstamos. Tener una mala reputación crediticia cuesta mucho, porque los prestamistas te cobrarán tipos de interés elevados. Cuanto más altos sean los tipos de interés que pagues por tus préstamos, más dinero saldrá de tu bolsillo.

Capacidad: *la capacidad de devolver el préstamo.*

Avalista: *persona con una buena solvencia que firma el documento de préstamo con el prestatario principal, convirtiéndose también en responsable de devolver el préstamo si el prestatario principal deja de ejecutar los pagos.*

2. Capacidad

La capacidad se refiere a la competencia del prestatario para devolver el préstamo. Cuando una persona solicita un préstamo, los bancos se fijan en los ingresos del prestatario, en la estabilidad de su trabajo, en cuántos otros préstamos tenga y también en la cantidad que ha devuelto. Tener un trabajo estable (que ha durado o debería durar) y unos buenos ingresos demuestra que el prestatario puede hacer pagos regulares cuando los pagos del préstamo venzan.

Si el crédito o el empleo del prestatario no parecen lo suficientemente sólidos, el banco puede pedir que otra persona con un buen historial crediticio y buenos ingresos firme conjuntamente el préstamo. Un **avalista** es alguien que firmará los documentos del préstamo junto con el prestatario principal. Este cofirmante se hará responsable del préstamo si el prestatario principal deja de hacer los pagos. El aval de un préstamo suele producirse cuando un estudiante solicita un préstamo estudiantil. Como el estudiante no tiene historial de crédito ni fuentes de ingresos estables, el prestamista puede pedir a los padres que firmen conjuntamente la solicitud de préstamo. Si el estudiante no cumple con los pagos mensuales regulares una vez terminada la universidad, el prestamista intentará cobrar el dinero a los padres o a quien haya firmado el préstamo.

Cuando obtengas un préstamo y dispongas de un avalista, recuerda que deberás ser especialmente responsable a la hora de pagar lo que debes cuando llegue la fecha acordada. Cualquier falta de pago no solo dañará su reputación, sino que también perjudicará la reputación de las personas que generosamente firmaron por usted.

Capítulo 7:

¡Ahorra dinero!

A. ¿Por qué molestarse en ahorrar?

Al principio de esta clase, me has oído decir que ahorrar dinero es importante. Con lo sencillo que resulta hoy día obtener tarjetas de crédito y la conveniencia de comprar casi todo en línea, las compras son mucho más fáciles y tentadoras que antes. Hay muchas razones por las que necesitas ahorrar, pero aquí te muestro dos muy poderosas que te ayudarán a darte cuenta de la importancia del ahorro.

1. Para preparar las grandes compras de tu vida

A una edad temprana, está bien desear el último *smartphone*, una nueva tableta, una bicicleta, un patinete eléctrico o un iWatch como regalo de vacaciones o de cumpleaños. Recuerda que siempre debes estar agradecido por todos los regalos que recibas, incluso por los que no estaban incluidos en tu lista de deseos. Si no recibes un artículo de tu lista de deseos que realmente deseabas, ¿por qué no ayudas a tus padres a comprártelo aportando algo de dinero para el coste de dicho artículo? Anímate, puedes hacerlo ahorrando algo de dinero de tu asignación o de los regalos en metálico que recibas durante tu cumpleaños o tus vacaciones. Tus padres agradecerán sin duda este magnífico gesto. Cuanto más dinero aportes, más posibilidades tendrás de que tus padres te acaben comprando eso que anhelas.

Ten en cuenta que, cuando crezcas, habrá cosas muy caras que también querrás comprar. Puede que necesites un coche que te lleve al trabajo o una casa para tu propia familia. También es posible que un día decidas obtener un título universitario superior o una formación extra para impulsar tu carrera, o incluso que vuelvas a estudiar para poder cambiar de carrera. Quizás quieras celebrar una boda memorable y colorida, o decidas viajar y explorar destinos lejanos con tus seres queridos. Puedes hacer todas estas cosas... especialmente cuando tienes ahorros que te respaldan.

Riesgo: *la posibilidad de perder dinero.*

Cuando se compran artículos caros, como un coche o una casa, la mayoría de la gente solicita un préstamo. Haber tenido el tino de reservar dinero para el pago inicial puede ayudarte a conseguir un préstamo con tipos de interés razonables. A los bancos les gusta que les des un pago inicial más grande, porque así se reduce el **riesgo** de que no devuelvas el préstamo. Del mismo modo, cuando das un gran anticipo, disminuye la cantidad de dinero que necesitas para devolver el préstamo, por lo que tus cuotas mensuales serán más asequibles.

Fíjate en la diferencia existente cuando Jorge paga un mayor anticipo al comprar un automóvil valorado en $10,000 a un tipo de interés del 6% y un plazo de 5 años.

2. Es buena idea prepararse para emergencias y gastos inesperados

Como dice el refrán, la vida está llena de sorpresas. Seguro que te gustan las sorpresas, pero a veces las sorpresas desagradables también pueden llegar cuando menos te lo esperas. Por ejemplo, tu coche puede averiarse y requerir grandes reparaciones. Tu perro puede enfermar y tendrás que que llevarlo al veterinario. Quizás una tubería de agua podría reventar provocando una inundación en la casa. Incluso puede que tengas que volar para asistir al funeral de un ser querido o que pierdas inesperadamente su trabajo. Quién sabe.

Las emergencias y los gastos inesperados pueden suponer una gran presión para su cartera. Sin embargo, si tienes dinero reservado para este tipo de acontecimientos, estarás en mejor posición para afrontar los retos que suponen estas sorpresas no deseadas. Por eso es tan importante ahorrar dinero.

B. **Presupuesto: una gran herramienta para ayudarte a ahorrar**

Presupuesto: *un plan de cuánto vas a gastar y ahorrar durante un período de tiempo.*

Vive dentro de tus posibilidades: *no gastes más de lo que tienes o de lo que puedes permitirte.*

Hay tantas cosas que puedes comprar en la tienda local o en línea... Quizás demasiadas. Con todas las opciones que tienes, puede ser difícil decidir cómo vas a gastar tu dinero y cómo podrás seguir ahorrando una parte para el futuro. Por todo eso, tener un **presupuesto es muy aconsejable y te** ayudará a gestionar tu dinero.

Un presupuesto es un plan de cuánto vas a gastar y cuánto vas a ahorrar durante un periodo de tiempo. Hacer un presupuesto es importante, porque te permite calcular la cantidad de dinero que puede gastar, dónde lo gastarás y la cantidad de dinero que puedes reservar para ahorrar. El seguimiento de un presupuesto te mantiene alejado de las deudas porque te permitirá **vivir dentro de sus posibilidades**. En otras palabras, un buen presupuesto te ayudará a evitar el gasto excesivo.

Al hacer un presupuesto, tienes que enumerar todas las fuentes de tus ingresos en un lado y sumarlas. Tus ingresos incluyen la paga que recibes de tus padres, el dinero que recibes por tener un trabajo y el dinero que recibes en forma de regalos. En el otro lado, tienes que enumerar todos tus gastos previstos para ese periodo de tiempo y sumarlos. Resta el total de gastos del total de ingresos. Si decides donar dinero, necesitarás restar también esta cantidad de sus ingresos. Si la diferencia es un número positivo, significa que estás ahorrando. De lo contrario, si el número final es negativo, significa que estás gastando de más.

Como ejemplo, veamos cómo Ben utiliza un presupuesto para gestionar su dinero.

El presupuesto de Ben para la semana		
INGRESOS		
Asignación semanal	$25	
Regalo de la abuela	$5	
Ingresos totales		$30
GASTOS		
Comida	$15	
Bebidas	5	
Libro	3	
Lápiz	1	
Gastos totales		$24
Donación a la Iglesia		$1
AHORROS		**$5**

En el presupuesto de Ben se puede ver que no gasta en exceso. Observamos en qué va a utilizar su dinero. Y en el proceso, ¡se ahorra cinco dólares! Ben está haciendo un magnífico trabajo haciendo un buen presupuesto y administrando su dinero. Es un chico responsable.

C. Herramientas bancarias que te ayudarán a ahorrar

Asegurado-garantizado *contra la pérdida del dinero.*

Cuenta de depósito: *acuerdo con un banco que permite a un individuo o a una organización ingresar y retirar dinero.*

Retirar: *sacar dinero del banco.*

El banco es probablemente el mejor lugar para guardar tu dinero de una forma segura. Los bancos disponen de cámaras acorazadas de acero a prueba de incendios, que solo pueden abrir determinadas personas bajo estrictas medidas de seguridad. En Estados Unidos, por ejemplo, el dinero depositado en los bancos está **asegurado** por una agencia gubernamental llamada FDIC, que significa Federal Deposit Insurance Corporation. Esto significa que, aunque el banco se quede sin dinero, lo roben o se incendie, podrás recuperar tu dinero hasta $250,000 por banco, a través de la FDIC.

Los bancos ofrecen varias formas de mantener su dinero seguro y de hacer más cómodo el manejo de tus finanzas. Veamos algunas de ellas.

1. Cuenta de ahorro

Una cuenta de ahorro es una **cuenta de depósito** que utilizan los particulares y las empresas, sobre todo para ahorrar y proteger su dinero. El dinero depositado en una cuenta de ahorro genera una pequeña cantidad de intereses. Además, el dinero puede **retirarse en** cualquier momento en que el banco esté abierto.

Casi todo el mundo puede solicitar una cuenta de ahorro. Algunos padres abren cuentas de ahorro para sus hijos cuando son muy pequeños, con la intención de animarlos a ahorrar. Una cuenta de ahorro te ayuda a ser inteligente con tu dinero, porque el dinero guardado en un banco es más difícil de conseguir, si lo comparamos con el dinero guardado en una alcancía. Una cuestión importante: recuerda, como hemos explicado antes, que tu dinero crece mientras está en una cuenta de ahorro gracias a los intereses que ganas por dejar que el banco guarde y utilice tu dinero para prestarlo a otras personas o a otras empresas.

2. Cuenta corriente

¿Has visto a tus padres extender un cheque para pagar las facturas de agua y electricidad? ¿Has recibido un cheque como regalo de cumpleaños? ¿Qué hiciste con aquel cheque?

Al igual que una cuenta de ahorro, también es posible depositar dinero en una cuenta corriente. Por desgracia, la mayoría de las cuentas corrientes no pagan intereses. Lo que hace especial a la cuenta corriente es que le permite utilizar ese trozo de papel llamado cheque para comprar bienes, pagar servicios o dar dinero a otra persona u organización.

Beneficiario: *persona o empresa a la que se extiende un cheque.*

Cheque sin fondos: *un cheque que no se acepta porque no hay suficiente dinero en la cuenta.*

Cuando tu madre extiende un cheque, en cierto modo está ordenando a su banco que pague una cantidad específica al **beneficiario,** que es la persona o la empresa para la que se extiende el cheque. Tu madre debe tener suficiente dinero en su cuenta corriente para que el pago pueda hacerse efectivo. Tu madre no puede girar una cantidad superior a la que tiene en su cuenta corriente, pues, de lo contrario, **el cheque será devuelto.** Si el cheque de tu madre rebota (no es aceptado), el banco le cobrará una comisión y el banco donde se depositó el cheque sin fondos también cobrará una comisión al beneficiario.

La gente utiliza cheques porque resulta más fácil y seguro llevar una chequera en lugar un montón de dinero en efectivo en el bolsillo. El dinero en efectivo puede ser robado fácilmente, mientras que un cheque solo es válido si está firmado por el propietario de la cuenta corriente. Cuando se hacen pagos por correo, también los cheques son más seguros, porque solo el beneficiario puede depositar el cheque en un banco o cambiarlo por efectivo. Igualmente, los cheques te proporcionarán un registro permanente de un pago, de modo que podrás llevar un mejor control de los pagos que realizas con cheques.

3. Tarjetas de débito y cajeros automáticos

Tarjeta de débito: *una tarjeta que le permite sacar dinero directamente de su cuenta corriente para hacer una compra.*

Las tarjetas de débito y las tarjetas de cajero automático son dos buenas formas de sacar dinero de tus cuentas de ahorro o de los cheques. Las tarjetas de débito se parecen a las de crédito, pero no lo son. Puedes utilizar una tarjeta de débito para comprar productos en una tienda igual que cuando utiliza una tarjeta de crédito, pero la tarjeta de débito estará vinculada electrónicamente a tu cuenta corriente. Cada vez que utiliza la tarjeta de débito, el dinero se extrae automáticamente de la cuenta corriente. Una tarjeta de débito solo funcionará mientras tengas dinero en su cuenta corriente. A diferencia de las tarjetas de crédito, la tarjeta de débito no permite pedir dinero prestado al banco.

Cuando eras más joven, quizá pensabas que los cajeros automáticos eran máquinas que daban dinero como por arte de magia. Desgraciadamente, no existe una máquina de dinero mágica... Los cajeros automáticos están conectados electrónicamente a tus cuentas de ahorro y de cheques. Sacar dinero de un cajero automático es similar a ir a un banco y sacar dinero de un empleado del banco llamado cajero, que se encuentra en una ventanilla y te ayuda a hacer lo que necesita dentro de la oficina de un banco. Con un cajero automático, las transacciones se procesan a través de una máquina. Puedes depositar o retirar dinero en cualquier momento y en cualquier lugar donde puedas encontrar un cajero automático. Ten cuidado con una cuestión: algunos cajeros automáticos cobran una cuota extra por utilizarlos.

4. Certificado de depósito

Certificado de depósito: *una cuenta de depósito paga más intereses que una cuenta de ahorro, pero tiene una fecha fija en la que los bancos te devolverán el dinero.*

Fecha de vencimiento: *fecha en la que se devolverá el dinero.*

Un certificado **de depósito,** también conocido como CD, es similar a una cuenta de ahorro, pero el dinero de un CD gana más intereses que el de una cuenta de ahorro. Un certificado de depósito tiene una **fecha de vencimiento**, que es el momento en que el banco te devuelve tu dinero, más los intereses que hayas ganado. Por anticipado, podrás elegir la fecha de vencimiento que desees al abrir una cuenta de CD. Puede ser desde tres meses hasta cinco años. Los tipos de interés que se obtienen suelen ser mayores mientras más tiempo se deje el dinero en un CD.

Los bancos ofrecen tipos de interés más altos en los CD, a cambio de una garantía de que los depositantes mantendrán el dinero en el banco hasta la fecha de vencimiento. Si retiras el dinero antes de la fecha de vencimiento, el banco te cobrará una comisión por retirada anticipada. Por eso los CD se llaman a veces «depósitos a plazo».

Una forma inteligente de gestionar tus ahorros es equilibrar el dinero que depositas en tus cuentas de ahorro, de cheques y de CD. Si no esperas hacer una gran compra en los próximos meses o años, tiene mucho sentido que pongas una gran parte de sus ahorros en CD para que tu dinero pueda ganar más ingresos por intereses. También es una buena idea dejar algo de dinero en tus cuentas de ahorro o corrientes, de forma que puedas utilizarlo en caso de emergencias y gastos inesperados.

Capítulo 8:

El dinero y nuestra economía

***Economía:** la forma en que una nación utiliza sus recursos limitados para producir bienes y servicios.*

***Recursos:** los suministros utilizados para producir bienes y servicios, que pueden incluir materiales, tierra, dinero y personas.*

¿Has oído a un locutor mencionar la palabra *economía* en un reportaje, o a tus padres hablar de la economía durante la cena? ¿Qué tiene de importante la economía? ¿Tiene algo que ver con tu dinero?

La **economía** es la forma en la que una nación o un país utiliza sus limitados **recursos** para producir bienes y servicios. Una economía sana significa que el país toma buenas decisiones y utiliza sus recursos —como la tierra, los materiales, los trabajadores y el dinero— para crear más productos y servicios. Tú te beneficias cuando la economía crece, porque hay más puestos de trabajo disponibles y las empresas ganan dinero. Lo contrario ocurre cuando la economía es débil. La gente puede perder sus empleos y las empresas pueden cerrar. Muchas personas y empresas se ven perjudicadas financieramente cuando la economía es débil.

Veamos con más detalle algunos factores que pueden afectar a la economía y a ti mismo.

A. Demanda y oferta

La demanda: *el deseo y la voluntad de comprar bienes o servicios.*

Oferta: *la disponibilidad de bienes o servicios.*

¿Te has preguntado alguna vez por qué cambian los precios de la gasolina, los alimentos y otros bienes? Aunque los empresarios puedan fijar los precios de los bienes y servicios que ofrecen, los dos factores principales que afectan al precio son la **demanda** y la **oferta**.

Escasez: *situación en la que no hay cantidad suficiente de algo para satisfacer una necesidad; ocurre cuando la demanda es mayor que la oferta.*

Excedente: *situación en la que sobra algo después de satisfacer todas las necesidades; ocurre cuando la oferta es mayor que la demanda.*

La demanda es el deseo y la voluntad de comprar los bienes o servicios, y la oferta es la disponibilidad o la facilidad de conseguir esos bienes o servicios. Por lo general, cuando la demanda es mayor que la oferta se produce una **escasez** que obliga a subir los precios. Los precios ascienden cuando la demanda es mayor, porque la gente está dispuesta a pagar más por un artículo que necesita o desea con urgencia, y eso pasa cuando hay escasez de ese artículo. Del mismo modo, cuando hay más artículos disponibles que los que se desean (la oferta es mayor que la demanda), se produce un **excedente** que obliga a bajar los precios. Los precios pueden bajar cuando hay un excedente porque los vendedores probablemente reducirán el precio para animar a los compradores a realizar una compra. Cuando la oferta y la demanda son iguales, el precio tiende a ser estable.

He aquí algunos ejemplos de cómo los cambios en la demanda y la oferta pueden afectar al precio:

Durante los partidos del campeonato de los principales deportes, como el fútbol, el baloncesto y el béisbol, hay más aficionados que quieren ver esos partidos del campeonato en directo, dentro del estadio. La oferta de entradas para entrar en el estadio es limitada, ya que el estadio solo puede albergar un número determinado de personas. El precio de las entradas lógicamente sube.

- Con el lanzamiento del iPhone 6, la demanda de las versiones anteriores (iPhone 4 y iPhone 5) disminuye, ya que más personas optan por comprar la última versión. En consecuencia, el precio de las versiones más antiguas del iPhone baja.
- Un incendio en una refinería de gas provoca un cierre. El suministro de la gasolina cae, porque no se produce suficiente gasolina para satisfacer la demanda. El precio de la gasolina sube.
- Las uvas son abundantes durante el año, debido al buen tiempo de cultivo. Hay más uvas de las que la gente suele comprar. El precio de la uva baja.

Conocer bien la oferta y la demanda puede ayudarte a tomar buenas decisiones a la hora de gastar su dinero. Si sabes que la demanda de un artículo sigue siendo muy alta, puedes considerar la posibilidad de esperar a que descienda la demanda y comprar el artículo más adelante, cuando el precio sea más bajo. Digamos, por ejemplo, que tienes un *smartphone* y te enteras de que va a salir una versión más nueva. ¿Merece la pena comprar el último teléfono inteligente a su precio más alto cuando la demanda sea muy alta? ¿Puedes esperar un poco para actualizar tu teléfono solo cuando sea realmente necesario hacer ese cambio? Imaginemos que deseas ver una película, ¿irás al cine con una gran multitud que va por la noche cuando las entradas de cine son más caras que en las proyecciones diurnas? Entender el concepto de oferta y demanda puede ayudarte a ahorrar algo de dinero y convertirte en un comprador inteligente.

B. Inflación

¿Sabes cuánto costaba un galón de leche en 1975? $1.57. En 1995, el precio era de $2.41 y septiembre de 2015, el coste del galón de leche era ya de $3.39 ¿Por qué va subiendo el precio de la leche a lo largo de los años?

Inflación: *aumento general de los precios de los bienes y servicios.*

Los precios de los bienes y servicios suben debido a **la inflación**. Hay varias razones por las que puede producirse la inflación, pero la principal es el aumento de la demanda sin un aumento similar de la oferta. Por ejemplo, la gente tiende a gastar más cuando tiene más dinero debido a un aumento de sueldo o a un mayor acceso al crédito. Recuerda que, cuando la demanda es mayor que la oferta, los precios suben.

Veamos el precio estimado de otros artículos en 1975, 1995 y septiembre de 2015:

Artículos	*1975*	*1995*	*2015*
Galón de gasolina normal	$0.57	$1.15	$2.38
Una docena de huevos	$0.77	$1.16	$2.97
Sello de primera clase	$0.13	$0.32	$0.49
Precio medio de venta de las viviendas nuevas	$42,600	$158,700	$296,900

Cuando hay inflación, nuestro dinero puede comprar menos. Por ejemplo, cuando el precio de las entradas de cine aumenta un 10%, la entrada de cine que hace un año costaba $10 ahora costará $11. Por lo tanto, se necesita más dinero para comprar la misma cantidad de bienes y servicios. Imagínate que, si sois cinco miembros en la familia, pagaréis en total $5 más este año para ir al cine.

Debido a la inflación, no es conveniente guardar todos los ahorros en una hucha. Presta atención a este consejo: utiliza tu hucha solo para ahorrar dinero hasta que puedas ponerlo en tu cuenta de ahorros. Si pones tu dinero en un lugar donde no crece, lo más probable es que el dinero que tengas tenga menos valor cuando lo uses en el futuro.

La inflación también puede ser difícil para las personas que viven con unos ingresos fijos, como las personas mayores que están jubiladas; esto se debe a que suelen tener menos dinero que cuando trabajaban, y su poder adquisitivo se reduce en épocas de alta inflación. Sus $20 de hoy solo comprarían una parte de los alimentos que solían comprar en 1995. Aunque la tasa de inflación cambia cada año y es normal tener una inflación del uno al dos por ciento cada año, hubo momentos en los años 70 y 80 en los que la inflación alcanzó el doce por ciento. Cuando los precios suben un doce por ciento cada año, el precio de los bienes y servicios se duplicará en seis años. ¡Esto significa que tu dinero valdrá la mitad en seis años si los precios suben tanto!

C. Desempleo

Desempleo: *número de personas que buscan trabajo y no lo encuentran.*

La cifra de **desempleo** es una forma importante de saber si la economía de nuestro país es saludable. Cada semana, el Gobierno publica la cifra de desempleo, que es el número de personas que pueden, quieren y buscan trabajo... pero no lo encuentran. Cuando el desempleo es alto, solo hay unas pocas oportunidades de trabajo disponibles para las personas que están en busca de empleo. Las personas sin un trabajo remunerado tendrán más dificultades para conseguir los bienes y servicios que necesitan, lo que se traduce en menos ventas y beneficios para las empresas... lo que a su vez se traduce en más recortes de puestos de trabajo. Este ciclo continúa hasta que la economía da un giro y mejora.

Al hacer planes financieros, siempre hay que tener en cuenta la posibilidad de perder el trabajo. Hay que tener dinero reservado para situaciones de emergencia, como ya hemos dicho. Las personas que están muy endeudadas también se ven empujadas al límite cuando se produce una pérdida inesperada de empleo. Esto nos recuerda la importancia de vivir dentro de nuestras posibilidades y de no abusar de las tarjetas de crédito, aunque pensemos que podremos devolver el dinero con nuestros futuros ingresos.

Capítulo 9:

La bolsa

Empecemos este tema contándoles la historia de La Magdalena, la pastelería que puso en marcha Chloe. Chloe es la única propietaria, lo que significa que es dueña del 100% del negocio. A sus clientes les gustan las magdalenas, y ella vende todas las que hornea cada día. Tras solo un año de actividad, La Magdalena se ha convertido en una pastelería muy popular.

Debido a la creciente demanda de sus magdalenas, se da cuenta de que necesita comprar dos hornos más para poder atender a los clientes. Piensa en solicitar otro préstamo al banco AhorraMás, pero, como no quiere pagar intereses, invita a sus dos amigos, Olivia y Ben, a invertir en su negocio y convertirse en copropietarios. Todos están de acuerdo en que Olivia y Ben inviertan cada uno $1,000 en el negocio para ayudar a Chloe a comprar dos hornos. A cambio de sus inversiones, Olivia y Ben obtendrán cada uno el 25% de la propiedad. Si Chloe vendiera el negocio, seguiría siendo dueña de la mitad; es decir, del 50% de La Magdalena.

Acción: *unidad de propiedad de una empresa.*

Cuando Chloe vende la mitad de la pastelería a Ben y Olivia, está dividiendo la propiedad de la empresa en cuatro partes iguales, también llamadas **acciones**. Chloe recibe dos acciones, que representan el 50% (2 acciones x 25%) de la empresa, mientras que Ben y Olivia reciben una acción cada uno. Una acción representa el 25 por ciento de la propiedad.

Al final del año, la pastelería obtiene un beneficio de $300. Chloe, Ben y Olivia deciden utilizar $100 para comprar más suministros y distribuir los $200 restantes de beneficios entre los propietarios. Los $200 se dividen en cuatro (ya que hay cuatro acciones en el negocio), por lo que cada acción recibe $50. Como Chloe posee el 50% —dos acciones— de la empresa, recibe $100. Ben y Olivia reciben $50 cada uno, ya que ambos poseen una acción.

Unos meses después, George se entera del éxito de la pastelería La Magdalena. Se interesa por entrar en la empresa como copropietario. Hace una oferta para comprar una acción de la por $1,000, pero ninguno de los propietarios acepta su proposición. Más tarde, George aumenta su oferta a $1,200. Olivia acepta la oferta y vende su acción a George.

La pastelería sigue siendo rentable. Chloe, Ben y George están muy contentos con el éxito del negocio.

A. ¿Cómo fuciona la bolsa?

Mercado de valores: *lugar donde se compran y venden las acciones de las empresas que cotizan en bolsa.*

Acción: *parte de una empresa que puede ser negociada.*

Inversor: *persona que aporta dinero con la expectativa de obtener una ganancia o un beneficio.*

Accionista: *persona u organización que posee una o más acciones de una empresa.*

Agente de bolsa: *persona o empresa en línea que está autorizada a comprar y vender acciones para los inversores.*

Además de depositar tu dinero en un banco para que crezca, otra opción que puedes considerar para invertir tu dinero es el **mercado de valores**. El mercado de valores, a veces llamado bolsa, es un lugar donde se pueden comprar y vender acciones de empresas. Una **acción** o un título es una parte de una empresa con la que se puede comerciar. Una acción representa una parte de la propiedad de la empresa. Cuando compras una acción, te conviertes en copropietario de esa empresa.

El concepto de cómo funciona un mercado de valores es similar a la historia de la pastelería La Magdalena. Cuando una empresa necesita dinero para crecer, el propietario puede vender una parte de la empresa a **los inversores**, que son las personas que compran las acciones o participaciones. Entonces, estos inversores se convierten en copropietarios de la empresa. Los inversores en acciones también se llaman **accionistas**. Ben y Olivia se convirtieron en accionistas de La Magdalena al comprar una acción cada uno, por un precio de $1,000.

Las acciones se negocian en todo el mundo. La Bolsa de Nueva York (NYSE) es la mayor de estas bolsas, donde se negocian las acciones de unas 2,800 empresas. Un inversor particular, como tú, puede comprar acciones a través de un **agente de bolsa**. Las operaciones pueden realizarse llamando a un corredor de bolsa o realizando una orden en línea a través de la página web de un corredor de bolsa.

B. Ganar dinero en el mercado de valores

Los inversores en bolsa pueden ganar dinero de dos maneras diferentes:

1. Participación en los beneficios

Dividendo: *parte del beneficio que se paga a los accionistas.*

Los accionistas son los propietarios de la empresa. Si la empresa de la que son propietarios es rentable, pueden participar en los beneficios. Utilizando el caso de la pastelería La Magdalena, sabemos que esta empresa obtuvo un beneficio de $300 durante el segundo año de su funcionamiento. Los $200 de beneficio que Chloe distribuye a los accionistas se denominan **dividendos**.

2. Subida del precio de las acciones

Si una empresa es rentable y tiene un futuro prometedor, es probable que más inversores compren sus acciones. Una mayor demanda de acciones hará que su precio suba (¿recuerdas la relación entre la oferta y la demanda?). La razón por la que alguien invierte en el mercado de valores es la intención de vender esas mismas acciones por encima del precio que pagó por ellas. Como en el caso de La Magdalena, Olivia obtuvo un beneficio cuando vendió sus acciones por $1,200, que son $200 más que el precio de compra que fue $1,000.

Por lo general, una gran parte del dinero que se gana en el mercado de valores es a través de la subida de los precios de las acciones. Veamos algunas de las empresas que quizás podrías conocer, y observemos cómo han cambiado los precios de sus acciones desde noviembre de 2012 hasta noviembre de 2015.

Nombre de la empresa	* 1 nov. 2012	* 2 nov. 2015	Porcentaje de variación
Hershey	$73	$88	21%
Mattel	$38	$25	-34%
McDonald's	$87	$112	29%
Microsoft	$27	$53	96%
Nike	$49	$131	167%
Walt Disney	$50	$115	130%

* *Los precios de las acciones se redondean al dólar* más cercano.

Observa los cambios en los precios después de tres años. Imagina que, si hubieras invertido $1,000 en acciones de McDonald's en 2012, tu dinero valdría unos $1,287 al cabo de tres años. ¿Cuánto valdrá tu inversión en 2015 si decidiste invertir $1,000 en acciones de Nike en 2012? Tu dinero valdría unos $2,673. ¿No es maravilloso?

C. El lado negativo de la inversión en bolsa

El mercado de valores ha sido un gran canal para que los inversores ganen un buen dinero. Sin embargo, invertir en el mercado de valores implica un alto riesgo. Vuelve a mirar el gráfico y comprueba el precio de las acciones de Mattel, el fabricante de las muñecas Barbie y los juguetes Hot Wheels. Aunque esta empresa y sus productos son populares, el precio de sus acciones cayó de $38 en 2012 a $25 en noviembre de 2015. Esto significa que, si hubieras invertido $1,000 en Mattel en 2012, tu dinero solo valdría $657 al cabo de tres años.

A diferencia de lo que ocurre con el precio de las acciones cuando el negocio es rentable y prometedor, ese mismo precio de las acciones bajará cuando la empresa no esté obteniendo buenos beneficios o cuando esté perdiendo clientes en favor de sus competidores. Obviamente, a los inversores no les gustan las empresas con malos resultados. Cuando hay muchos inversores que venden una acción (la oferta es mayor que la demanda), esto crea una presión a la baja sobre el precio de esa acción, haciendo que su precio se vea reducido.

Dado que la inversión en acciones puede ser arriesgada y existe la posibilidad de perder dinero, hay que investigar mucho antes de invertir en cualquier acción. Es conveniente que sepas a qué se dedica la empresa, su historial financiero y el éxito de sus productos y servicios. Además, deberías saber con quién compite, con qué agresividad funciona en el mercado y lo prometedores y útiles que son sus productos y servicios. Es probable que la gente invierta más en una empresa que crece y que es rentable.

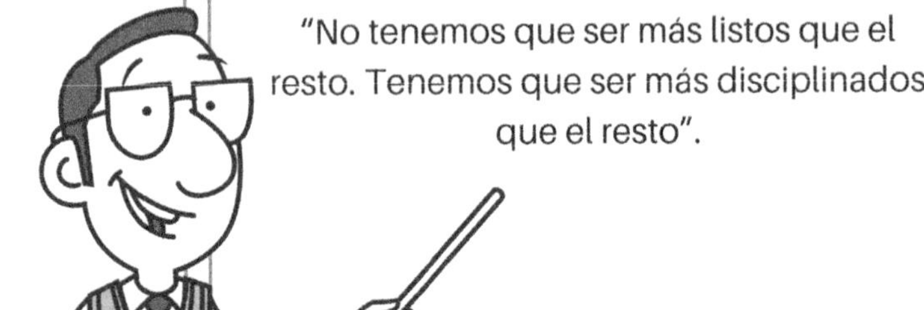

Lecciones de un experto

"No tenemos que ser más listos que el resto. Tenemos que ser más disciplinados que el resto".

Capítulo 10:

El dinero en el mundo

A. ¿Qué son las divisas?

Moneda: *el tipo de dinero que se utiliza en un país o zona.*

Estabilidad política: *tener un Gobierno fuerte y exitoso.*

La moneda es el tipo de dinero que se utiliza en un país o zona. Hay más de 190 países en el mundo y cada país utiliza su propia moneda o comparte una moneda común con otro país.

La moneda en Estados Unidos se llama dólar. En China, se llama *yuan*. En Filipinas, se llama peso. En Europa, varios países han acordado utilizar una moneda llamada euro. Los países que utilizan el euro son Alemania, Austria, Bélgica, Chipre, Eslovaquia, Eslovenia, España, Estonia, Finlandia, Francia, Grecia, Irlanda, Italia, Letonia, Lituania, Luxemburgo, Malta, Países Bajos y Portugal. Otros países europeos, como Dinamarca, Polonia, Suecia aceptan el euro, pero siguen utilizando sus propias monedas. El Reino Unido usa la libra esterlina.

Hay más de 160 monedas en todo el mundo. Pero el valor de una moneda es diferente al de otra.

El valor de una divisa depende de varios factores, como la oferta y la demanda de la misma, la fortaleza de la economía y la **estabilidad política** del país o la región.

B. ¿Qué es el cambio de divisas?

Cambio de divisas: *conversión de una moneda en otra.*

Como los valores de las monedas son diferentes, es posible que tengas que convertir tu dinero a una moneda extranjera cuando viajes al extranjero. Esto es necesario, sobre todo, si piensas comprar bienes o servicios extranjeros. La conversión de una moneda en otra se llama cambio de **divisas**. Puedes cambiar divisas en un banco, en tiendas de cambio de moneda o en quioscos de cambio de moneda, de los que suele haber en los aeropuertos. Estas tiendas de cambio publican los tipos de cambio en grandes paneles.

Estos son los pasos que puede seguir para averiguar la cantidad de dinero equivalente en la nueva moneda que necesita:

Paso 1: Conoce la cantidad de dinero que deseas cambiar.

Paso 2: Averigua el tipo de cambio entre las dos monedas.

Paso 3: Multiplica el importe de tu dinero por el tipo de cambio para así obtener el valor de tu dinero en la nueva moneda.

George vive en Estados Unidos y va a volar a Filipinas en un viaje de negocios. Quiere comprar artículos por valor de 200 dólares, con la intención de llevárselos a Estados Unidos. Ayudemos a George a convertir sus dólares estadounidenses en pesos filipinos.

Paso 1: Conoce la cantidad de dinero que quiere cambiar:	**$200**
Paso 2: Averigua el tipo de cambio entre las dos monedas:	**47.17**
Paso 3: Multiplica el importe de su dinero por el tipo de cambio para obtener el valor de su dinero en la nueva moneda:	$200 x 47.17 = **₱9,434**

C. Otros usos de las divisas

El comercio internacional: *el intercambio de bienes y servicios entre países.*

Importación: *bienes y servicios adquiridos en otro país.*

Exportación: *bienes y servicios vendidos a otro país.*

Las divisas se utilizan mucho en los viajes personales y de negocios, pero en realidad se emplean más en el **comercio internacional**. ¿A qué nos referimos com este término? El comercio internacional es el intercambio de bienes y servicios entre países. Gracias a las innovaciones en el transporte y las comunicaciones, casi todos los países pueden ahora comerciar con un mayor número de bienes y servicios con otros países. Los bienes y servicios comprados a otro país se denominan **importaciones**, mientras que los productos y servicios vendidos a otro país se denominan **exportaciones**.

En 2014, Estados Unidos compró a Canadá petróleo por valor de 119.000 millones de dólares, a China equipos electrónicos por valor de 130.000 millones de dólares y a Japón vehículos por valor de 46.000 millones de dólares. Cuando Estados Unidos compra bienes a estos países, necesita convertir sus dólares en otras monedas.

De forma similar, otros países importan bienes de Estados Unidos. En 2014, Canadá importó vehículos estadounidenses por valor de 51.000 millones de dólares. China compró aviones por valor de 14.000 millones de dólares, mientras que Japón importó cereales por valor de 4.000 millones de dólares. Los países que quieran comprar bienes y servicios estadounidenses deberán cambiar sus divisas a dólares estadounidenses.

Epílogo

¡Compartir tiene sentido!

Al principio de esta clase has identificado las diferentes cosas que puedes hacer con tu dinero. Puedes gastarlo en bienes y servicios. Puedes ahorrarlo para el futuro. Puedes invertirlo y ganar más dinero para ti. O puedes devolverlo a la comunidad.

Has aprendido que el dinero no es fácil de conseguir. La mayoría de nosotros tiene que trabajar para ganar dinero. Puede parecer injusto devolver parte del dinero ganado para beneficiar a otras personas, pero analicemos por qué merece la pena devolverlo.

Compartir tiene sentido porque el dinero que devuelves a la comunidad puede marcar la diferencia en la vida de alguien. Por desgracia, hay muchas personas en este mundo que no son tan afortunadas como tú. Probablemente por este motivo, tú puedes hacer algo para que se sientan bien y ayudarles a vivir una vida mejor. Una forma de hacerlo haciendo donaciones a organizaciones benéficas. Una organización benéfica es aquella que ayuda a las personas necesitadas. Cuando donas dinero a una organización benéfica, tu dinero se juntará con otras donaciones y se utilizará para ayudar a dichas organizaciones benéficas a cumplir sus misiones. Piensa que incluso una pequeña cantidad puede tener un gran impacto, especialmente si se utiliza para ayudar a personas que viven en la pobreza extrema. Un donativo de $1, por ejemplo, puede proporcionar a una persona de un país pobre acceso a agua potable durante un año. Con un donativo de $3 se pueden comprar libros para ayudar a los niños de familias pobres a ampliar sus conocimientos.

En junio de 2015, el multimillonario estadounidense Warren Buffet donó $2.8 billones a organizaciones benéficas. La donación total del señor Buffet a organizaciones benéficas ha alcanzado los $23 billones. Imagina cuántos libros, alimentos y galones de agua potable se pueden comprar con esta enorme cantidad. Se podría decir que el señor Buffet es tremendamente rico y que puede permitirse donar esos miles de millones de dólares. Efectivamente, el señor Buffet es multimillonario. Pero no hace falta ser multimillonario o millonario para devolver algo a la comunidad. Siempre se puede empezar con una pequeña cantidad, por menor que pueda parecer. También puedes hacer donaciones no monetarias mientras no ganes dinero. Nos referimos a que algunas organizaciones benéficas aceptan juguetes, libros, productos enlatados, material escolar, equipos viejos y ropa usada. Esas organizaciones benéficas distribuyen los artículos donados a personas necesitadas, o pueden venderlos para recaudar dinero. Recuerda que tu donación, por grande o pequeña que sea, puede convertirse en una fuerza poderosa cuando se junta con otras donaciones.

Donar dinero a organizaciones benéficas es una acción voluntaria. No hay leyes ni normas que obliguen a la gente a dar dinero. Pero, incluso sin esta obligación, la gente sigue compartiendo su riqueza por diversas razones. Algunas personas se sienten bien al saber que han contribuido a una buena causa. Otras quieren participar activamente en la lucha contra la pobreza, a favor de la promoción de la salud, de la oferta de becas y la financiación de la investigación médica. Algunos donan dinero por sus creencias religiosas. Otros lo donan para obtener exenciones fiscales, porque donar dinero puede reducir los impuestos que se tienen que pagar. Sean cuales sean tus motivaciones, las donaciones ayudan mucho a apoyar los programas de las organizaciones benéficas que cada uno elige.

Nadie te reta a igualar el dinero donado por el señor Buffet. Lo que se espera de ti es que estudies mucho, que trabajes con entusiasmo y que tengas una gran motivación para ganar más cuando seas mayor. Piensa que, mientras que tú y tu familia podáis disfrutar de los frutos de vuestro trabajo, también os será posible dar más y ayudar más.

A través de esta clase, has aprendido lo importante que es el dinero, cómo se puede ganar dinero y cómo se puede utilizar en diferentes maneras. Lo que hagas con tu dinero depende totalmente de ti. Al final, lo que más importa no son los bienes y servicios que compras para verte y sentirte bien, sino cómo utilizas tu dinero para convertirte en una persona mejor y más inteligente.

Referencias

10 razones por las que deberías ahorrar dinero (incluso cuando pedir es barato y fácil). Mymoneycoach.com. Consultado el 22 de septiembre de 2015. https://www.mymoneycoach.ca/saving-money/why-save-money

Economía/precios de 1975. 1970s Flashback.com. Consultado el 28 de julio de 2015.

http://www.1970sflashback.com/1975/Economy.asp

Economía/precios de 1995. 1990sFlashback.com. Consultado el 2 de agosto de 2015. http://www.1990sflashback.com/1995/Economy.asp

Asmundson, Irena, y Ceyda Oner. *¿Qué es el dinero? Finance & Development*, Vol. 49, No. 3, septiembre de 2012. Consultado el 2 de agosto de 2015. http://www.imf.org/external/pubs/ft/fandd/2012/09/basics.htm

Salarios medios de los estadounidenses-Salarios medios de los trabajos comunes. Foxbusiness.com. 9 de julio de 2015. Consultado el 1 de noviembre de 2015. http://www.foxbusiness.com/personal-finance/2015/07/09/average-salaries-for-americans-median-salaries-for-common-jobs/

Bank of America. *Informes anuales y declaraciones de representación.* Consultado el 30 de octubre de 2015.

http://investor.bankofamerica.com/phoenix.zhtml?c=71595&p=irol-reportsannual#f-bid=dSyS8TA3bAB

Biedenweg Ph. D, Karl. *Basic Economics*. Illinois: Mark Twain Media, Inc., 1999.

Biedenweg Ph. D, Karl. *Personal Finance*. Carolina del Norte: Mark Twain Media, Inc., 1999.

Bloomberg. *Markets Cross Rates*. Consultado el 15 de noviembre de 2015.

http://www.bloomberg.com/markets/currencies/cross-rates

Oficina de Estadísticas Laborales. *Average Retail Food and Energy Prices, U.S. and Midwest Region*. Consultado el 30 de octubre de 2015.

http://www.bls.gov/regions/midatlantic/data/AverageRetailFoodAndEnergyPrices_USandMidwest_Table.htm

Oficina de estadísticas laborales. *Estimaciones nacionales de empleo y salarios de mayo de 2014 Estados Unidos*. Consultado el 30 de octubre de 2015.

http://www.bls.gov/oes/current/oes_nat.htm

Calculadora de impacto benéfico. Thelifeyoucansave.org. Consultado el 31 de octubre de 2015.

http://www.thelifeyoucansave.org/Impact-Calculator

CNN. *Mercados*. Consultado el 12 de noviembre de 2015. http://money.cnn.com/data/markets/

Educación crediticia: Los efectos devastadores de la quiebra. Lexingtonlaw.com. 9 de diciembre de 2010. Consultado el 7 de diciembre de 2014. https://www.lexingtonlaw.com/blog/bankruptcy/devastating-effects-bankruptcy.html

Corporación Federal de Seguros de Depósitos. *Entendiendo el seguro de depósitos*. Consultado el 27 de enero de 2015. https://www.fdic.gov/deposit/deposits/

Furgang, Kathy. *Kids Everything Money: A Wealth of Facts, Photos, and Fun*. Washington DC: National Geographic Society, 2013.

Godfrey, Neale S. *Ultimate Kids' Money Book*. Nueva York: Simon & Schuster, 1998.

Gower, John. *Ahorros 101: ¿Qué es un CD (Certificado de Depósito)?Nerdwallet.com*.Consultadoel26deseptiembre de 2015. https://www.nerdwallet.com/blog/banking/savings-101-cd-certificate-deposit/

Grabianowski, Ed. *Cómo funciona la moneda. Howstuffworks.com*, 2 de septiembre de 2003. Consultado el 2 de agosto de 2015.

http://money.howstuffworks.com/currency.htm

Grosvenor Jr., Charles R. *Los precios en los setenta. Inthe70s.com*. Consultado el 22 de julio de 2015. http://www.inthe70s.com/prices.shtml

¿Cuántos países hay en el mundo? Worldatlas.com. Consultado el 9 de julio de 2015.

http://www.worldatlas.com/nations.htm

Índice de puestos de trabajo (Estados Unidos). Payscale.com. Consultado el 7 de noviembre de 2015. http://www.payscale.com/index/US/Job

Kane, Libby. *Lo que 9 personas de éxito desearían haber sabido sobre el dinero a los 20 años. BusinessInsider.com*, 8 de septiembre de 2014. Consultado el 24 de octubre de 2014.

http://www.businessinsider.com/what-ceos-wish-they-knew-about-money-2014-9?op=1#ixzz3E18B22FF

Kapoor, Jack R., Les R. Dlabay y Robert Hughes. *Personal Finance.* New York: McGraw-Hill Irwin, 2012.

Kellaher, Karen. *Glosario económico para niños. Scholastic.com*, 2 de febrero de 2008. Consultado el 26 de septiembre de 2015.

http://www.scholastic.com/browse/article.jsp?id=3750579

Korkki, Phyllis. *Por qué la gente dona a la caridad. Bostonglobe.com.* 22 de diciembre de 2013. Consultado el 7 de agosto de 2015.

https://www.bostonglobe.com/business/2013/12/22/nonprofits-seek-understand-why-people-give-charity/72b4B2kbKiXqNzxnQbKAtO/story.html

M&T Bank. *Entendiendo las 5 claves del crédito.* Consultado el 20 de septiembre de 2015.

https://www.mtb.com/business/businessresourcecenter/Pages/FiveC.aspx

McWhorter Sember JD, Brette. *The Everything Kids' Money Book.* Massachusetts: Adams Media, 2008.

Melicher, Ronald W., y Edgar A. Norton. *Introduction to Finance Markets, Investments, and Financial Management.* New Jersey: John Wiley & Sons, Inc., 2011.

Morrell, Alex. *Buffet dona $2.8 billones y bate el récord de donaciones personales. Forbes.com.* 15 de julio de 2014. Consultado el 31 de octubre de 2015. http://www.forbes.com/sites/alexmorrell/2014/07/15/buffett-donates-2-8-billion-breaks-personal-giving-record/

Nuevas ventas de viviendas en septiembre de 2015. Census.gov. Consultado el 30 de octubre de 2015. http://www.census.gov/construction/nrs/pdf/newressales.pdf

Bolsa de Nueva York: Listados de empresas. Advfn.com. Actualizado el 31 de octubre de 2015. http://www.advfn.com/nyse/newyorkstockexchange.asp

Northwestern Mutual. *¿Qué es el mercado de valores?* Consultado el 20 de julio de 2015. http://www.themint.org/kids/what-is-the-stock-market.html

Principales exportaciones de EE.UU. al mundo. Worldsrichestcountries.com. Consultado el 18 de octubre de 2015. http://www.worldsrichestcountries.com/top_us_exports.html

Principales importaciones de EE.UU. del mundo. Worldrichestcountries.com. Consultado el 18 de octubre de 2015. http://www.worldsrichestcountries.com/top_us_imports.html

Servicio Postal de los Estados Unidos. *Precios de los sellos Forever sin cambios.* 15 de enero de 2015. Consultado el 28 de julio de 2015. http://about.usps.com/news/nationalreleases/2015/pr15_004.htm

La inversión en valor explicada en 7 citas: La inversión en valor, bien hecha, puede hacerte rico. The Motley Fool. Consultado el 31 de octubre de 2015. http://www.fool.com/investing/value/2014/07/29/valor-inversión-explicado-en-7-citas.aspx

¿Cuál es la «C» más importante de las cinco «C» del crédito? Investopedia.com. Consultado el 20 de septiembre de 2015. http://www.investopedia.com/ask/answers/040115/what-most-important-c-five-cs-credit.asp

¿Cuál es la diferencia entre las cinco C del crédito y la calificación crediticia? Investopedia.com. Consultado el 20 de septiembre de 2015. http://www.investopedia.com/ask/answers/033015/what-difference-between-five-cs-credit-and-credit-rating.asp

Índice

Made in the USA
Las Vegas, NV
10 December 2023

82509352R00069